最高　長頸鹿

　　生活在非洲大草原，以嫩樹葉和葉芽為主要食物。成年長頸鹿站立時平均高度約4.5米，就算是剛出生的長頸鹿也有1.8米高，相當於一名成年男子。

Photo credit : CNN travel

　　長頸鹿不僅是世界上最高，也是脖子最長的動物。牠與人類一樣有七塊頸骨，每節頸椎長度超過28厘米，所以牠的脖子特別長（約2米），差不多佔了身高的一半。雖然長得高，但膽子特別小，看到遠處有敵人就會以每小時55公里的速度逃跑。

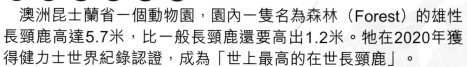

最高的長頸鹿

　　澳洲昆士蘭省一個動物園，園內一隻名為森林（Forest）的雄性長頸鹿高達5.7米，比一般長頸鹿還要高出1.2米。牠在2020年獲得健力士世界紀錄認證，成為「世上最高的在世長頸鹿」。

最大　非洲象

　　成年非洲象體長約7.5米，站立時肩高可高達4.1米，體重約5至7噸，最重紀錄有10噸。由於牠的體型龐大，需要不斷進食以維持體力，每天最少要吃200公斤的食物和飲用250公升的水，所以一天有16個小時都用來覓食和進食。

　　別看非洲象擁有一對大耳朵，就以為牠們很溫馴可愛，其實牠們才是非洲草原上最危險的動物，就連「萬獸之王」的獅子也不敢輕易招惹牠們。雖然沒有食肉動物的威脅，牠們卻因為象牙而招來殺身之禍，目前野生非洲象約有41.5萬隻，屬於易危物種。

高度

重磅

←假設無膽熊重63公斤，一隻成年非洲象（6.3噸）相當於100個無膽熊。

身長約37米，等同一架波音737-800客機。

重達63.5噸，相當於10頭成年非洲象。

最遠古　三葉蟲

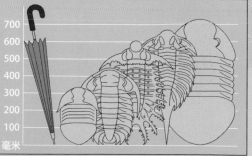

700
600
500
400
300
200
100
毫米

　　海洋中的一種節肢動物*，最早出現於五億四千萬年前的寒武紀初期。已知的種類超過15000種，最小的只有1毫米，最大的有72厘米。由於牠們已在二億五千萬年前的二疊紀滅絕，目前只能在化石裏才能找到完整的三葉蟲。

*蠍子、螃蟹、龍蝦都屬於節肢動物。

海洋生物

最大的哺乳類動物

藍鯨 已知世界最大的藍鯨體長約33米，重達181噸，雖然生活在海洋裏，但並不是魚，而是一種體型龐大的哺乳類動物。和其他哺乳類動物一樣，藍鯨也是用肺來呼吸，只是牠的肺容量特別大，大約每隔十多分鐘才要浮出水面換氣一次。當牠在換氣時，海面上就會形成一道十多米（約三層樓）高的水柱，看起來像「噴水」一樣。

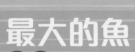

最大的魚

鯨鯊 又名豆腐鯊，體長平均有8至10米，最大可長到12.65米，最重達21.5噸，是世界上體型最大的魚類。雖然屬鯊魚科，卻只吃浮游生物、藻類和沙丁魚等小型魚類。

　　牠的個性溫馴，加上游得很慢（時速約5公里），不僅沒有攻擊性，還會主動靠近船隻和人類，很多時反而會讓自己身陷險境。

最大的無脊椎生物

大王酸漿魷 主要棲息在南極海域周圍2000米的深海，科學家只能從抹香鯨胃裏發現的屍體和在2007年意外捕獲的幼年大王酸漿魷來估算牠們的尺寸。

　　身長約12至20米，有八條腕足和兩條觸手（佔了身體三分之二的長度），最重可達450公斤。雖然牠的平均壽命只有450天，但生長速度非常驚人，能在短短三個月內生長6米以上。

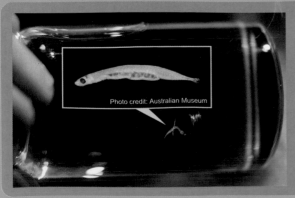

Photo credit: Australian Museum

最小的魚

胖嬰魚 1979年在澳洲東岸大堡礁被發現，非但不胖，還很細小，雄魚平均有7毫米，雌魚有8.4毫米，體重僅1毫克。除眼睛外全身透明，無鰭，無齒，也無鱗。因為體型小，一般只能活兩個月左右。

一百萬條才重1公斤。

鳥類和植物

最高的樹

杏仁桉 開花植物中最高的樹，生長在澳洲東南部的半乾旱地區，樹幹光滑筆直，沒有太多枝杈。它的平均高度都在100米以上，最高的一株達156米，相當於50層樓高，所以又被稱為「樹木世界裏的最高塔」。它的葉子有一種特殊香味，常用來煉製桉葉油。

最小的鳥

吸蜜蜂鳥 古巴特有物種，其大小和蜜蜂差不多。體長約5至6厘米，光是鳥喙（嘴）及尾羽就佔了一半的長度，重量不足2克，比一枚硬幣還要輕。由於體型實在太小，新陳代謝速度快，所以要頻繁進食（一天採食1500朵花），否則就會進入深度睡眠。

Photo by NVillustration

最大的鳥

非洲鴕鳥 生活在非洲的沙漠草地和稀樹草原地帶，是世界上體型最大和最重的鳥類，成年雄鳥站立時身高近2.5米，重達155公斤。雖然不會飛，但奔跑速度非常快，平均時速達每小時64公里。

鴕鳥的體型龐大，所以牠的蛋也非常大，每隻蛋的重量均在1公斤以上，相當於20多隻雞蛋。

最大的花

大王花 原生於印尼蘇門答臘的熱帶雨林，是一種寄生植物，一生只會開花一次，由長出花苞到開花需時七個月，但花期只有3至7天。

直徑最大可達1.4米，重11公斤。花苞綻放初期有淡淡香味，花期結束後即變黑凋謝，這時就會散發濃烈的腐臭味，當地人又稱之為「腐屍花」。

自然景觀 　最高的山

七頂峰 是指七大洲的最高峰,能征服它們是全世界登山者的終極目標。

德納利山
(北美洲／6190米)

Photo by Aaron Huey

位於美國阿拉斯加州東南部德納利國家公園和保護區內,是世界第三高峰。

厄爾布魯士峰
(歐洲／5642米)

位於俄羅斯西南部高加索地區的一座休眠火山,頂端有兩座差不多高的雙峰。

珠穆朗瑪峰
(亞洲／8848.86米)

喜馬拉雅山脈主峰,峰頂位於尼泊爾和西藏交界,是世界最高峰。

阿空加瓜山
(南美洲／6961米)

位於阿根廷境內,是世界最高的死火山,攀登難度不算高。

查亞峰
(大洋洲／4884米)

位於印尼新幾內亞島,除了是大洋洲的最高峰,亦是世界上最高的島嶼山峰。

Photo credit: Adventure global

吉力馬札羅山
(非洲／5895米)

位於非洲坦桑尼亞,山頂終年積雪,是世界上唯一的赤道雪山。

Photo credit: Wired for Adventure

文森峰
(南極洲／4897米)

七大洲中最後一座被征服的山峰,距離南極只有600英哩。

Photo by Gordon Wiltsie

最低的山

弁天山 日本德島縣／6.1米

海拔最低的自然形成山,穿過山腳入口處的紅色鳥居,步行約20至30步就能登頂。

最大的自然洞穴 　韓松洞

Photo by Ryan Deboodt

↑2003年被聯合國教科文組織列入「世界自然遺產」,遊客須取得許可證,並在專業探險隊的帶領下才能進入。

位於越南峰牙國家公園內,是世界上最大的單體洞穴,約在250萬至500萬年前形成。洞穴高200多米,寬達150米,深度近9公里,在洞內最深最廣的地方,甚至可以停放一架波音747客機,或興建一幢樓高40層的摩天大廈。

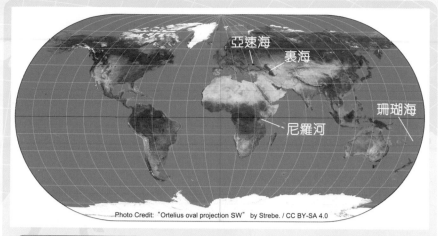

Photo Credit: "Ortelius oval projection SW" by Strebe. / CC BY-SA 4.0

最深的海 珊瑚海

Photo credit: The Marine & Oceanic Sustainability Foundation

位於太平洋西南部,總面積479.1萬平方公里,大小相當於半個中國。因海域附近有大量珊瑚礁而得名。

由於它的海底地形由西向東傾斜,大部分地方水深3000至4000米,最深的新赫布里底海溝更達9174米,比珠穆朗瑪峰還要高,是世界上最大和最深的海。

最淺的海 亞速海

Photo credit: Love Nature

位於烏克蘭東南部與俄羅斯西南部,面積3.76萬平方公里,平均深度13米,最深處也不過15.3米。

最大的湖 裏海

Photo credit: Love Nature

世界最大的內陸鹹水湖,位於歐洲和亞洲交界,由俄羅斯、亞塞拜疆、伊朗、土庫曼和哈薩克五國共同管轄。

湖岸線全長6380公里,面積約38萬平方公里(大小與日本和德國差不多),蓄水量近7.8萬立方公里,佔世界湖泊總水量的40%。

整個海區分為北、中、南三部分,北淺南深,最深處達1025米。

Photo credit: Harriet Arnold 2020

地中海
下游
中游
青尼羅河
白尼羅河
上游

最長的河 尼羅河

世界最長的河,亦是非洲第一大河,發源於東非高原,自南向北流,最後在埃及流入地中海。

全長6650公里,有兩條主要支流——白尼羅河和青尼羅河,流經非洲11個國家,流域面積廣達287萬平方公里,佔非洲大陸面積的十分之一,約有1.6億人生活在尼羅河沿岸。

↑自古以來超過90%的埃及人住在尼羅河下游三角洲地區,幾乎所有古埃及遺址均在這裏找到,當地人視之為「母親河」、「生命之河」。

人類之最 最長壽

小知識

- 十位全球最長壽的人都是女性。
- 最長壽的男性為日本的木村次郎右衛門，他在2013年去世，享年116歲。
- 生於1903年的田中加子是全球在世最高齡的人。
- 香港人均壽命全球第一，女性和男性分別為88.13歲和82.34歲。

珍妮·露意絲·卡爾門
(Jeanne Louise Calment，1875~1997)

她在1997年8月4日逝世，享年122歲又164天。雖然有吸煙、喝酒和吃甜食等習慣，但她的身體非常健康。

作為世界最長壽的人，她不僅見證巴黎鐵塔的落成，又經歷了兩次的世界大戰和諸多重大的歷史事件，可以說是歷史的見證者。

Photo credit: Daily Mail

最富有

根據《福布斯》全球富豪榜而定，每年都有不同結果。

> 這是2021年公佈的全球富豪榜，全球最富有的三個人分別是……

① Photo credit: CNBC

謝菲·貝索斯 (Jeff Bezos)
美國電子商貿企業亞馬遜（Amazon）行政總裁，連續四年成為全球首富。
資產：1770億美元

> 香港首富是誰呢？

> 李嘉誠以354億美元資產，成為香港首富。

> 如果你們有279萬美元（約2160萬港元）資產，也能成為香港最富有的1%。

②
伊隆·麥斯克
(Elon Musk)
Photo credit: Reuters
美國電動車生產商特斯拉（Tesla）行政總裁。
資產：1510億美元

③
貝爾納·阿爾諾
(Bernard Arnault)
Photo credit: AFP
法國奢侈品牌路易威登集團（LVMH）董事長兼行政總裁。
資產：1500億美元

最重

喬恩·布勞爾·敏諾奇
(Jon Brower Minnoch，1941~1983)

身高1.85米，最重的時候達1400磅（635公斤），身高體重指數（BMI）高達185，比正常人的18.5至24多近8倍。

後來，由於健康出現問題，需要接受16個月的住院治療，期間體重降至476磅（216公斤）。然而，辛苦減下來的體重並沒能維持下去，他在去世時的體重回升至798磅（362公斤）。

Photo credit: Guinness World Records

↑喬恩最重的時候與一頭成年北極熊差不多。

他是健力士世界紀錄史上最高的人，這項紀錄至今還沒人能打破。

最高的男人

羅伯特·潘興·瓦德羅
（Robert Pershing Wadlow，1918~1940）

他出生時的身高與其他嬰兒無異，但自1歲開始卻不斷長高，17歲時已長到2.45米，22歲時達到2.72米，比同齡人高出好幾倍。

Photo credit: Guinness World Records

在世最矮的男人

愛德華·尼諾·赫南德茲
（Edward Niño Hernández，1986~）

他來自哥倫比亞，因患有嚴重的甲狀腺功能減退，自2歲開始再也沒有長高。

他分別在2000年和2010年兩度獲得健力士世界紀錄認證為世界上最矮的男人，當時的身高為70厘米和72.1厘米。

Photo credit: Guinness World Records

300
250
200
150
100
50
厘米

在世最高的男人

蘇丹·科塞
（Sultan Kösen，1982~）

他來自土耳其，身高2.51米，是目前健力士世界紀錄中最高的男人。同時，他亦擁有世界最大的手掌，從手腕到中指指尖的長度有28.5厘米。

Photo credit: Guinness World Records

在世最矮的女人

喬蒂·阿姆奇（Jyoti Kisanji Amge，1993~）

雖然患有侏儒症，身高僅62.8厘米，但無礙她追尋夢想。她曾出演《美國恐怖故事》第四季和多齣波里活電影，在印度的人氣非常高。

Photo credit: AFP

最高的女人

曾金蓮（1964~1982）

世界最高，也是中國最高的女人，18歲時身高已達到2.463米。

Photo credit: Guinness World Records

當最高的男人遇上最矮的女人

蘇丹和喬蒂2018年在埃及金字塔前合影，他們兩人的身高相差1.88米。

Photo credit: Associated Press

文明之最

人類也製造了很多世界之最！

最高的建築物
哈里發塔

哈里發塔位於杜拜，是目前世界最高的建築物，高828米，樓高169層，是包含酒店、住宅、商務在內的綜合大樓。為了方便上落，哈里發塔共設有57部電梯，其中最長的主電梯，可以在1分鐘內到達124層的觀景台。

位於九龍站上蓋的環球貿易廣場（ICC）樓高484米，是世界第十高的建築物。但哈里發塔卻比它高近一倍，有一種快要穿越雲層的感覺。

最長的飛機 波音777X

我們去外遊的時候，最常乘坐的波音747客機。然而，它最長的飛機的地位已經新一代的波音777X所取代。波音777X全長76.7米，比747長多0.3米，預計要到2023年才正式投入服務。

Photo by MB-one

最長的船 諾克●耐維斯號

諾克●耐維斯號（Knock Nevis）在拆解前，曾是世界最大的超級運油輪。它船長約459米、寬68.8米，豎直起來比巴黎鐵塔還要高。它建於1975年，兩伊戰爭時曾被擊沉，被打撈後又再服役，直至2010年才被解體。

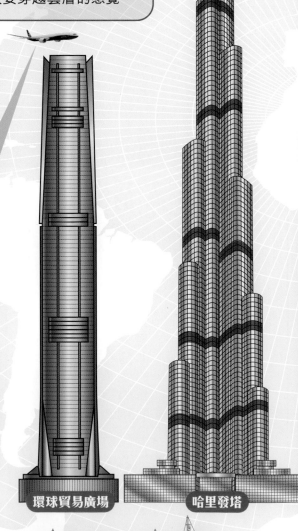

環球貿易廣場　　　哈里發塔

Photo by Jørn Eriksson

最長的公路隧道
洛達爾隧道

挪威的洛達爾隧道全長24.5公里，需要20分鐘車程才能穿越隧道。為免司機駕駛疲勞，隧道分成不同區域，以不同顏色的燈光讓人有確實前進的感覺，途中更設有休息區和避難區等。

最長的橋
丹崑特大橋

Photo by MNXANL

丹崑特大橋是京滬高速鐵路江蘇段一座長達約165公里的高架橋，連接蘇州崑山市與鎮江丹陽市。從香港出發，行走同樣距離的話，大概可以去到廣州佛山市。

最短的自動電梯
PETIT ESCALATOR

乘搭時間只需8秒、只有5級的自動樓梯，位於日本川崎MORE'S百貨公司的地下2F。最初是打算興建一條正常的自動樓梯，但興建時發現空間不足，最後決定改建成這條世界最短的自動樓梯。

最快的過山車 Formula Rossa

杜拜的「法拉利世界」遊樂場中設置了世界最快的過山車。採用了與戰鬥機相同的油壓系統，只需要4秒就可以從靜止一口氣攀升至最高時速240公里，比香港機場快線還要快得多。

Photo by Jazon88

Photo by William Cho

最大的噴水池 財富之泉

位於新加坡的財富之泉佔地1683平方米，高13.8米，是世界最大的噴水池。當地人相信這個噴水池是風水佈局，圍着它走三圈就能得到好運。

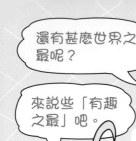

還有甚麼世界之最呢？

來説些「有趣之最」吧。

有趣

最辣的食物

Blair's 16 Million Reserve

不要進食！

現今世上最辣的「辣椒醬」，全世界只有999瓶。辣味強度相當於一般Tabasco的3200倍。雖然被健力氏紀錄大全認證為世上最辣的「食物」，但瓶身上卻有「不要進食」的警告語。

最硬的物質

超鑽石

要説最硬的物質，大家第一時間當然會想到鑽石，然而世上還有比鑽石更硬的聚合鑽石納米棒，亦稱超鑽石（hyperdiamond）。因為損耗度極低，現時工業上已經開始用它切割和打磨其他硬物。

最長時間的彩虹 陽明山彩虹

很多時彩虹都是一瞬即逝，但台灣陽明山卻曾經出現高掛長達9小時的彩虹。該彩虹於早上7時左右出現，一直到約下午4時都清晰可見。

世界最大的酒店壁畫

大好河山

有人説看到彩虹是幸運。那麼如果可以看到那麼長時間的彩虹，一定是非常幸運吧！

Photo by Island Shangri-La

香港也有世界之最，那就是位於港島香格里拉酒店中的巨型壁畫《大好河山》，這幅高50米，闊15.24米的壁畫，動用了40位藝術家，花費半年時間才完成。

之最

地球上最高氣溫的地方

盧特沙漠

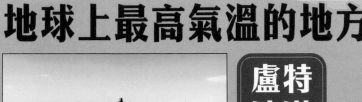
Photo by Hadi Karimi

位於伊朗的盧特沙漠曾經測出最高溫度達攝氏70.7度。一般來說，如果我們接觸60度的滾水就足以燙傷，所以人類幾乎是不可能於那兒存活的。

比《多啦A夢》還要厲害？

之前保持這個紀錄的人是漫畫之神手塚治虫。

個人出版最多作品的漫畫家

石之森章太郎

Photo by 鉄道趣味人

以《幪面超人》為人熟知的石之森章太郎，在60歲人生中創作了770套作品，總頁數多達128000頁。《多啦A夢》的漫畫家藤子不二雄就曾說過，自己一天最多只會畫6頁漫畫，但石之森章太郎一日就能畫出15至20頁漫畫。

保持最多世界紀錄的人

世界最長的單字

阿什利塔·福曼

阿什利塔·福曼（Ashrita Furman）是保持最多世界紀錄的人，共擁有216個世界紀錄，為此他刻意締造了很多平常人不會挑戰的紀錄，例如一分鐘蒙著眼接最多檸檬、三分鐘內用茶匙吃最多葡萄、一分鐘內用口接最多紙飛機等等。

Photo by Tejvan Pettinger

Lopado……

希臘劇作家阿里斯托芬的劇作中出現的一道食物的名稱。用希臘語寫的話，該單詞共171個字母，變為英文的話則有182個字母。整個字為「Lopadotemachoselachogaleocranioleipsanodrimhypotrimmatosilphioparaomelitocatacechymenocichlepicossyphophattoperisteralectryonoptecephalliocigclopeleiolagoiosiraiobaphetraganopterygon」。

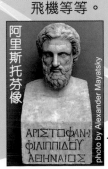
阿里斯托芬像
photo by Alexander Mayatsky

原來最強的人是他！讓我來打破他的紀錄吧！

…沒這個可能吧。

大偵探
福爾摩斯
LOCK HOLMES
少年福爾摩斯

厲河＝改編
陳秉坤＝繪畫
奧斯汀・弗里曼＝原著

匯識教育有限公司

大偵探福爾摩斯 ⑤③
少年福爾摩斯

唐泰斯成功報仇後找到了妻子美蒂絲，但見她已建立了幸福的家庭，只好黯然身退。此時，美蒂絲的幼子夏洛克從家中步出，唐泰斯悄悄尾隨。當去到一家雜貨店時，卻遇上店主豬大媽遇劫受傷，更在店中與猩仔久別重逢。

豬大媽不肯報警，又對遇襲一事有所隱瞞，唐泰斯只好化身成為法醫，帶領夏洛克和猩仔一起調查。一查之下，他發現豬大媽似乎認識施襲者，更從一頂可疑的氈帽內找出線索，令疑犯無所遁形！另一方面，唐泰斯亦藉此案把少年福爾摩斯帶進犯罪世界，助他踏出探案的第一步！

大偵探福爾摩斯
SHERLOCK HOLMES
實戰推理系列
蛋糕的追憶

厲河=監修　　陳秉坤=著‧繪

陳沃龍、徐國聲=着色

夏洛克
天資聰穎，長大後成為了倫敦最著名的私家偵探。

猩仔
少年時代的李大猩，頑皮又好勝。

「你整天都躺在沙發上，小心變成大胖子呀。」華生下班回來，看見福爾摩斯**懶洋洋**地躺在沙發上看書，就忍不住**揶揄**。

福爾摩斯斜眼看了看華生手上的東西，說：「會變成**大胖子**的人是你吧？買那麼多**蛋糕**回來吃。」

「這是給自己辛勤工作的**獎勵**啊。」華生提起蛋糕盒子說。

福爾摩斯看到，在純白色的蛋糕盒上，印着一串黑色數字——13.9.12.11.25 3.1.9.5，顯得格外矚目。

華生把盒子放在餐桌上，去泡來一壺**熱茶**後，說：「我忙得早午飯都沒吃啊。」

謎題①

福爾摩斯坐直身子，再瞄了一眼那盒子，問：「這不是你平常光顧的蛋糕店吧？」

「這是**新開張**的店子。我看見很多人**光顧**，就買回來試試。你

15

也要吃嗎？」

「不了。給我倒杯茶吧。」

「不過，這新店的店名很古怪，竟然只是一串數字。」華生倒好茶後，坐到餐桌旁。

「不，店名是Milky Cake。」福爾摩斯呷了一口茶，「看來，這店子的主人想跟客人玩解謎遊戲呢。」

「是嗎？你怎知道？」

「不就寫在盒子上嗎？你整天不動腦筋，小心變笨蛋呀。」

「哼，又在故弄玄虛，我才沒空與你爭論。」華生沒理會福爾摩斯，自顧自地拿出蛋糕，準備飽餐一頓。

「唔？」福爾摩斯忽然抬起頭來，凝神閉氣地緊緊盯着華生手中的蛋糕。

「怎……怎麼了？」華生詫異地問。

福爾摩斯沒有回答，一手奪過蛋糕，隨即就咬掉一半。

「喂！你不是說不吃的嗎？」

「這味道！」蛋糕的甜味直衝大偵探的腦門，一段潛藏在其腦海深處的兒時記憶突然閃現！

各位讀者，你們知道店名為何是「Milky Cake」嗎？答案可在第27頁找到。

「喂！給我四枚糖果。」猩仔在雜貨店門外大叫。

「猩仔，你只會大叫大嚷，不懂得禮貌一點嗎？」豬大媽從店中走出來，一邊怪責一邊把糖果包好遞給猩仔。

「嘻嘻嘻，豬大媽，對不起啊。你家的糖果特別好吃嘛，我一心急就大叫起來了。」猩仔付過款，隨即塞了兩枚到口中，並把剩下的放進口袋裏。

「夏洛克剛幹完活了，你們一起去玩吧。」豬大媽揮一揮手，示意正在店內打掃的夏洛克過來。

「好呀！反正我也閒着沒事做，就讓我這大哥照顧一下乾弟弟吧。」猩仔搓一搓鼻子，神色十足地說。

「**我才不要。**」與爽快的猩仔相反，夏洛克顯得**一臉不願意**，但在豬大媽的熱情催促之下，他逼於無奈地跟着猩仔出去了。

兩人走了十分鐘左右，來到一排老舊的圍柵前面。猩仔看看四周沒有人，就領着夏洛克穿過圍柵，走進了一個**荒蕪的花園**中。原來，這是一棟老舊大宅的前院，據說它曾是一個富豪的別墅，後來荒廢了，就成為小孩們的**遊樂場**。

「來這裏幹甚麼呢？」夏洛克沒神沒氣地問。

「玩**兵捉賊**呀！我做兵，你做賊！」

「為甚麼我要做賊呀？」

「本大爺長得**一表人才**，怎麼看也不像賊吧？你**賊眉賊眼**，扮賊最合適呀。」猩仔拉一拉衣襟，挺直腰杆子說。

「我賊眉賊眼？」夏洛克**瞪大眼睛**，氣得眼珠都快要掉出來了。

「再說，你的智慧只有我的十分之一，只能做一個笨賊。」猩仔**煞有介事**地補充。

「既然你說比我聰明，就試試解開我這條問題吧。」**不甘受辱**的夏洛克撿起地上的枯枝，在沙地上畫出一些英文字母和箭頭。

「你這麼有智慧，一定知道圖中的『？』代表甚麼吧？」夏洛克用挑釁的口氣說。

「我當然知道！」猩仔拍一拍心口，信心十足地說。

謎題②

但他定神看了一會，卻**一臉困惑**地問：「不過，這些箭頭代表甚麼呀？」

「**聰明如你**都看不懂嗎？」

「甚麼？我怎會看不懂！只是你畫得太差，叫人難以看懂罷了！」猩仔厚着臉皮反駁道。

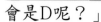

「算了，告訴你吧。那些箭頭代表轉換成**倒影**。」

「倒影？就像人站在**河邊的倒影**嗎？」猩仔想了想，「少騙人！B的倒影又怎會是D呢？」

「還不明白嗎？你要先把英文字母——」

各位讀者，你們知道答案是甚麼嗎？想不到也沒關係，答案可在第27頁找到。

「**哎呀！**」忽然，遠處傳來一聲悲鳴，把夏洛克的說話打斷了。

「咦？好像有事發生！先別解謎了！」猩仔趁機擺脫**窘境**，立刻朝聲音的方向跑去，夏洛克也只好緊隨其後。

兩人跑到大宅旁邊一處**雜草叢生**的地方偷看，發現三個體形較大的小孩正包圍着一個瑟縮在地上的小孩。

「他……他不是**馬齊達**嗎？」夏洛克呢喃，「又被人欺負了？」

「你認識他？」猩仔低聲地問道。

「嗯……是我的同學。」夏洛克知道馬齊達跟自己一樣，都是在學校被同學**孤立**的人，而且因為身形矮小，總是被人**欺負**。

個子最高的那個小孩拿着一個盒子，看來是從馬齊達手上搶來的。他打開盒子以**鄙視的目光**瞧了一眼，大聲罵道：「你這娘娘腔，還學人做蛋糕！真噁心！」

「**噁心死了！**」

「**娘娘腔！**」

另外兩個惡童也一唱一和地罵道。

「請還給我……」馬齊達哭求。

「很想要嗎？

18

那就還給你吧。」高個子拿出其中一塊蛋糕「啪嚓」一聲擲到地上。精緻的蛋糕當場被擲個稀巴爛，奶油更散落一地。

「喂！停手！不要欺負人！」愛**抱打不平**的猩仔按捺不住，馬上衝到惡童們面前大聲喝止。夏洛克見狀也立即緊緊跟上。

高個子先是一怔，但見來者只是兩個小孩，就高聲反問：「**你們是誰？想幹嗎？**」

「甚麼？連我猩爺你都不認識嗎？我是來主持正義的！」

「哼！多管閒事！一定是**欠揍**了！」高個子把手上的盒子一扔，大喝一聲就衝向猩仔。

「對付你這種小卒，我根本不用出手！」猩仔腳一沉，腰一扭，只是把大屁股往前一頂，就把衝過來的高個子撞得**人仰馬翻**。

「你沒事吧？」夏洛克趁機扶起馬齊達。

「我沒事……謝謝你。」馬齊達走去拾起被丟到地上的蛋糕盒，緊緊地抱在胸前。

「可惡！大家一起上！」倒在地上的高個子自知敵不過猩仔，馬上爬起來向同伴高呼。兩個惡童聞言連忙衝前，聯同高個子**一擁而上**，企圖聯手襲擊猩仔。但猩仔異常靈巧，一個轉身就避過他們的攻擊。

「哈哈！就憑你們這些**三腳貓功夫**，想打倒我猩爺嗎？簡直是**天方夜譚**！」猩仔自吹自擂地大笑，卻不小心踩到了地上的蛋糕。他腳下一滑，猛地向後倒跌了幾步，正好與身後的夏洛克二人撞個正着。

「哇呀！」夏洛克**嚇了一跳**，想把猩仔扶住，但猩仔實在太胖了，夏洛克和馬齊達被撞得人仰馬翻，**不偏不倚**地剛好撞落在大宅地牢的氣窗上。破舊的木窗「砰」的一下應聲破裂，三人就這樣掉進了別墅的地牢之中。

「**糟糕！**搞出事了！快逃！」惡童看到此情此景，嚇得**慌忙逃走**。

「嗚……好痛呀！乾弟弟……你們在哪？沒事吧？」摔到地牢內的猩仔摸着頭**痛苦地呻吟**。

「有事呀！我快被你壓成肉醬了！」夏洛克大叫。

猩仔這才發現，原來他壓在夏洛克二人身上，叫他們**動彈不得**。

幸好，他們墮下的地方滿是紙箱，並沒有受傷。

「哈哈哈！我的屁股全是肥肉，不會壓傷你們吧？」猩仔**嘻嘻哈哈**地站起來，也順道拉起夏洛克和馬齊達。

夏洛克拍一拍身上的灰塵，抬頭望向那個被他們撞爛了的**氣窗**。

「氣窗好高啊，又沒有可以攀爬的地方，怎樣出去呢？」夏洛克苦惱地說。

「那怎麼辦？」馬齊達心急得快要哭出來了。

猩仔連忙安慰道：「不用怕，有本大爺在，一定沒事的！」

「那裏有道樓梯，我們可以從那邊出去。」透過氣窗照進來的**微光**，夏洛克發現一道可以通往上方的樓梯。

於是，他帶頭前進，猩仔緊隨其後，膽小的馬齊達則**戰戰兢兢**地跟在他們後面。

他們每踏一步，老舊的樓梯都發出「啪嘞」的聲音，仿似快將斷裂一樣。好不容易，三人終於攀上樓梯的盡頭。可是，出口處的一道門卻把他們攔住了。而且，門上還有一根被**鎖着的門栓**，鎖頭上有4個可以轉動的**輪盤**，各有不同的英文字母。

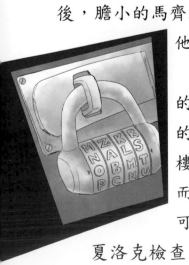

夏洛克檢查了一下，回頭對猩仔二人說：「門鎖了，是個**密碼**

鎖。」

「走開，讓我來開吧！」猩仔推開夏洛克，走到門前，一手抓住鎖頭。

「唏！」他咬緊牙關，大力一拉。突然，「呠」的一聲爆響，猩仔竟然放了個**響屁**。

「哇呀！」站在他身後的夏洛克首當其衝，被臭屁擊個正着。

「哈哈哈，用錯力了。」猩仔以**假笑**掩飾，「這道門很結實呢，竟然連我猩爺也弄不壞呢。」

「我們的鼻子卻給你**臭壞**了！」夏洛克捏着鼻投訴。

「咇咇咇⋯⋯」馬齊達也被臭屁嗆得不斷咳嗽，「出不去了，怎麼辦啊？」

「別擔心。先搜一下這個地牢，說不定有其他出口。」夏洛克冷靜地帶着馬齊達回到地牢的中央，小心地**環視四周**。

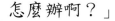

地牢內物件不多，其中一堵牆上有一幅奇特的**抽象畫**，上面有不同顏色的線和圓圈。在抽象畫的旁邊，還有很多幅**小掛畫**，但它們全部都被漆上單一的顏色，有紅、有綠也有黑等等。此外，近樓梯的牆邊還有一個堅固的**保險箱**，似乎要用密碼才能打開。

夏洛克走近那張奇妙的抽象畫，發現畫框上面寫着「**在○○○○○○的背後**」。

他轉身對猩仔他們說：「你們看，畫框上面有些字，看來是跟上面的畫**有關連**的。」

「不是找出口嗎？幹嗎看畫？」猩仔問。

謎題③

「這可能是有關密碼鎖的提示呀。」夏洛克解釋。

「那些⋯⋯**顏色線與圓圈**⋯⋯可能代表甚麼意思吧？」馬齊

達小聲地說。

「先從最少圓圈的那列入手吧。」夏洛克說。

接着，他凝視着那些圓圈喃喃自語：「**紅色線**與三個圓圈……紅色……**RED**……」

「咦？RED不就是三個英文字母嗎？與三個圓圈相符！」猩仔從夏洛克的說話中得到啟發，馬上搶道，「我知道答案了！那就是——**在橙色的背後！**」

「不過，那又有甚麼意思呢？」猩仔搶答完，卻又**不明所以**地搔搔頭。

「橙色……？為甚麼是橙色？」事情來得太快，馬齊達有點不明所以。

「橙色的背後，會不會是這裏？」夏洛克走過去拿掉橙色的小掛畫，果然發現暗藏玄機。原來，在小掛畫後面的牆上，刻着一個由很多格子組成的圖案，下面還寫着「LWRHLY」。

你們知道為甚麼答案是橙色嗎？答案可在第27頁找到。

謎題④

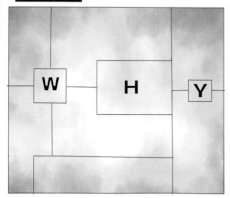

LWRHLY

「WHY？」猩仔望着格子上的英文字叫道，「我也想問『**WHY**』呀！」

「冷靜點，叫是解決不了問題的，要努力思考才對呀，這格子一定有甚麼意思的。」夏洛克說。

「**哎呀，我餓了！思考不了呀！**」猩仔沒理會夏洛克，繼續**哇哇大叫**。

這時，夏洛克的肚子也「**咕**」的一聲響起。

他摸摸肚子說：「聽你這麼一說，我才記起還沒吃午飯呢。」

「呀！差點忘了。」猩仔想起甚麼似的，急急從口袋中掏出兩枚在豬大媽那兒買的糖果。當他正想把糖果塞到嘴巴裏時，眼尾卻看到兩個同伴正盯着他。

他用舌頭舔了舔唇邊，然後「**嗕咚**」一聲吞了一下口水，就把糖果遞到兩人面前說：「我這兒有兩枚糖果，你們拿去吃吧。」

「你不是餓了嗎？」夏洛克說，「你自己先吃吧。」

「誰叫我是你的乾哥哥，當然要讓乾弟弟先吃啦！」

「那個……如果不嫌棄的話……其實我有些**自製蛋糕**……」馬齊達看着兩人**你推我讓**，於是戰戰兢兢地提議。

「你自己做的？」猩仔訝異。

「嗯……不過剛才掉到地上，應該摔爛了。」馬齊達打開蛋糕盒子，果然，裏面的蛋糕已經**支離破碎**。

「哇，全爛了！賣相很差呢！」**口沒遮攔**的猩仔嚷道。

夏洛克連忙用手肘撞了他一下，猩仔意會，馬上改口說：「哈哈，不過吃進肚子都一樣，而且看來很美味呢。」

看到馬齊達**一臉委屈**的樣子，猩仔馬上抓起一塊塞進嘴裏，但只是咀嚼了兩口，卻突然停了下來。

「怎麼了？很……很難吃嗎？」馬齊達擔心地問。

「哇！太難……**太難用詞語形容了！**」

「我……我就知道做得不好……」馬齊達**哭喪着臉**說。

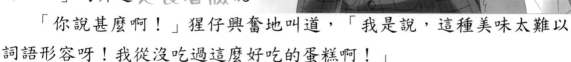

「你說甚麼啊！」猩仔興奮地叫道，「我是說，這種美味太難以詞語形容呀！我從沒吃過這麼好吃的蛋糕啊！」

「真的……？」馬齊達開心得**眼泛淚光**，「謝謝你……從沒有人稱讚過我……我生得矮小，又愛做蛋糕，所以……總是……總是被同學**取笑**……」

「猩仔，我也要一塊。」夏洛克也連忙取了一塊塞進嘴巴裏。

「**真的很美味呢！**」夏洛克鼓勵道，「你不要理會那些人，你的蛋糕做得這麼好，一定要繼續做呀。」

「謝謝你。」馬齊達臉上終於綻放出**燦爛的笑容**了。

「好，吃飽了。快點找方法出去吧。」猩仔擦了一下嘴巴說。

「對。」夏洛克點點頭，又再次開始思考剛才的謎題。

「上面的**WHY**和下面的*LWRHLY*有甚麼關係嗎？」猩仔托着下巴問道。

「字母中的L和R……會不會是**左**（left）和**右**（right）的意思？」馬齊達沒有信心地問。

「慢着，如果是左和右的話，難道是打開保險箱的提示？」夏洛克望着保險箱說，「因為，這種**旋轉式密碼鎖**，都必須根據正確的數字，向左和右來旋轉的。」

「這麼說來……夾在LWRHLY之間的WHY就代表**數字**了？」猩仔拍一拍手叫道，「我好像想到了！W可能是等於4。」

```
L  W  R  H  L  Y
↓  ↓  ↓  ↓  ↓  ↓
左    右    左
   數字  數字  數字
```

「為甚麼？」

「因為有**4條線**連着它呀！」猩仔說得理所當然。

「不對吧……」夏洛克遲疑了一會，忽然**靈光一閃**，「等等，你這麼一說，讓我想到了！答案應該跟格子的

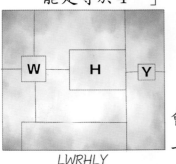

LWRHLY

接觸面有關，WHY從左到右分別代表4、4、2！」

為甚麼是442？
想不到也沒關係，
答案可在第27頁找到。

夏洛克說完，馬上跑到保險箱，驗證自己的推理有沒有錯。他把保險箱的密碼鎖**向左轉動了4下**，再**向右轉動4下**，接着**向左又轉動了2下**。突然，「咔」的一聲，保險箱應聲而開。果然，「LWRHLY」就是打開保險箱門的提示。

然而，當他們打保險箱後，卻看到裏面只有**一張紙**。

謎題⑤

猩仔取出紙張一看，就興奮地叫道：「應該是樓梯上那道門的密碼呢！」

然而，他想了想，很快就發現不對：「剛才的密碼鎖上只有英文呀，但紙上除了**3個**

英文字母和一個拇指圖形外，其他的都是些古怪符號啊。」

「每串橫向的符號都包含一個字母，這暗示那些符號也代表着不同的字母。看來，我們只要透過那些符號，就可以把英文密碼推理出來。但首先要知道拇指代表甚麼……」夏洛克閉上眼睛沉思。

「那個……會不會是**GOOD**……？」馬齊達戰戰兢兢地問。

「知道是GOOD有甚麼用？最重要是後面會接甚麼英文詞語呀。」猩仔**不客氣地質疑**。

「對不起……」

「不，你們兩個都說得對。GOOD後面接甚麼詞語，那就是答案。」夏洛克想了一下，眼前一亮，「我知道了，密碼是**NOTE**！」

為何密碼會是NOTE？
答案可在第27頁找到。

「真的嗎？」猩仔搶先跑上樓梯，馬上扭動密碼輪盤，果然，當他把密碼調到「NOTE」的位置之後，「咔嚓」一聲響起，門鎖就被打開了。三人也終於成功**逃出生天**。

「我要回家了。」馬齊達懷着感激向夏洛克兩人道別，「謝謝你們剛才幫了我。」

「別客氣，假如那些傢伙夠膽再**騷擾你**，你一定要告訴我，讓我再揍他們一頓！」猩仔拍一拍自己心口，**正氣凜然**地說。

「謝謝。那個……」馬齊達吸了一口氣，戰戰兢兢地問，「我……我可以做你們的朋友嗎？」

「你在說甚麼呀？你已經是我們的朋友呀！」猩仔搭着馬齊達的肩膀道。

「**沒錯，我們已經是朋友了！**」夏洛克也笑道。

當福爾摩斯**回神過來**，已經不知不覺地把華生買來的蛋糕都吃光了。這蛋糕的味道就跟馬齊達所做的一樣，非常美味。他記得他們

三人在那之後，間中也會一起玩玩**解謎遊戲**、吃吃**蛋糕**。後來馬齊達轉校了，大家才失去聯絡。

「這蛋糕你在哪兒買的？」福爾摩斯問。

「就在街頭那**郵局的旁邊**。」華生說，「怎麼了？還吃不夠嗎？」

「不，我只想去看看。」

福爾摩斯下樓後，就往郵局的方向走去。當他走近華生說的那家蛋糕店時，一個**蛋糕師傅**剛好走了出來，並在店外掛上「**售完**」的牌子。那人雖然**身形高大**，但福爾摩斯一眼就認出來了，他就是當年那個**矮小怕事**的馬齊達！

馬齊達好像察覺有人正注視着他，於是抬起頭來望向這邊。

剎那間，他的**眼神凝住**了。

「夏洛克……？是你嗎？」馬齊達戰戰兢兢地問。

「哈哈哈，還有誰啊？當然是我啦！」福爾摩斯燦爛地笑了，「我住在**221B**，沒想到你竟在這裏開了家蛋糕店。」

馬齊達衝前緊握着福爾摩斯的手，**激動**地說：「好久不見啊！我一直想着你和猩仔，要不是你們的支持，我或許早就放棄了。」

「哈哈哈，我們哪有甚麼支持啊。」福爾摩斯笑道，「我和猩仔只是**饞嘴**，吃到美味的東西後**實話實說**罷了。」

「不，全因你們的鼓勵，我才能堅持自己的夢想。我常想，你們不但是從地下室把我救出來的恩人，也是我人生的**恩人**呢。」

福爾摩斯**靦腆**地笑了笑。在他看來，自己並沒那麼偉大，但他再次體會到——**一件看似微不足道的小事，一句小小的鼓勵說話，其實也足以影響別人的一生。**

謎題 ①

數字其實代表英文字母的次序，即A=1、B=2、C=3，如此類推。

所以13.9.12.11.25 3.1.9.5 = Milky Cake

謎題 ②

把英文字母轉成小寫，就會發現字母的「倒影」，因此答案是「Q」。

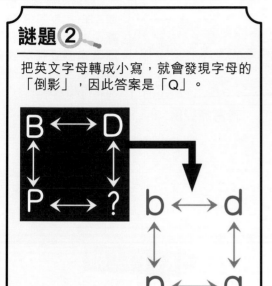

謎題 ③

正如紅色線要填上RED一樣，每條線都要填上該顏色的英文。最後再依號碼位置，重新排列那些英文字母，就能得出ORANGE了。

謎題 ④

由於 W 隣接着4個格子；H 隣接着4個格子；而 Y 隣接着4個格子，故密碼是442。

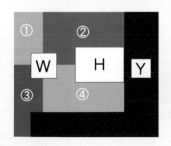
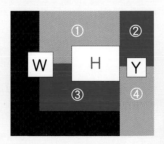

謎題 ⑤

其實三句都是常用的打招呼語。比對一下每個圖案的位置，就知道答案是NOTE了。

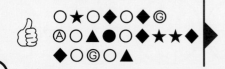

MORNING
GOOD AFTERNOON
NIGHT

在今期的專輯中，完全明白到甚麼是「無奇不有」，世界上仍有很多有趣的事物，等待我們去探索和發掘呢！

《兒童的學習》編輯部

5周年特集

《兒童的學習》踏入第5年，收到很多祝福，非常感謝大家一直以來的支持，我們會繼續努力，把各種知識帶給大家！

趙子誠

鄭曉楠　9分

杜卓姿

插圖畫廊

石諾瑤　8分　　陸成熙

Ka Po Lau　8分
評　4分

教授蛋答問區

Q1 屁為甚麼會臭？

屁的主要成分是二氧化碳、氫氣和甲烷。屁的氣味會根據吃下不同食物，而有所分別。某些食物於腸道分解發酵，產生硫化氫，屁就會帶有臭味。

提問者：陳堅信

Q2 圓周率（π）是如何計算出來的？

最早記載的計算方法是割圓術。在圓形內畫一個六邊形，計算六邊形的邊長，再把邊數加倍成十二邊形、二十四邊形等等。直至無可再細分時，就最接近圓周的長度。到了現代，當然是用電腦來計算啊！

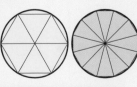

如果大家有任何疑問，也可寫在問卷上寄回來，讓教授蛋解答。

提問者：何泓毅

左搖右擺 李大猩

不用電池，也能讓李大猩紙偶動起來！你知道箇中奧妙嗎？

親子

巧手工坊

所需材料

p.31、33紙樣

漿糊筆

薄硬卡紙2張

美工刀

*使用利器時，須由家長陪同。

掃描 QR Code 進入正文社 YouTube頻道，可觀看製作短片。

製作難度：★★☆☆☆
製作時間：約 40 分鐘

製作流程

—— 沿黑線剪下　--- 沿虛線摺　▨▨黏貼處　▨▨裁走部分

① 將P.31、33紙樣貼在薄硬卡紙上，再沿邊剪下來。

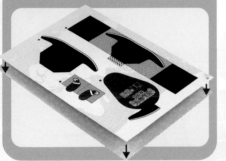

② 先組合腿部，將4（固定腳）沿虛線向外摺，並在兩側腳掌頂端貼上6。

③ 將5（可動腳）沿虛線向外摺，在左右兩邊塗上漿糊黏合，待乾透後剪去多餘部分。最後貼上7。

小貼士：
黏貼位也要向內屈一下，太硬的話會無法擺動。

④ 在黏貼位塗上漿糊，對準做法②固定腳的頂端黏合。

⑤ 在固定腳塗上漿糊，貼上2。

⑥ 翻轉，將8圍着做法⑤黏好。

小貼士：黏貼時不用對稱，要預留較多空間方便可動腳擺動。

⑦ 依次在固定腳和黏貼位塗上漿糊，貼上3。

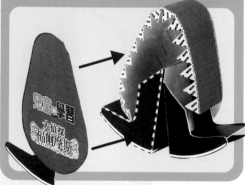

⑨ 雙手的做法和做法③相同。

⑧ 捲起旗桿，在末端塗上漿糊黏合。

⑪ 貼上臉和雙手。

完成！

⑩ 如圖在這隻手塗上漿糊，與旗桿黏合。

李大猩不會動啊，怎麼辦？

你還要做一個斜台，他才能搖擺走動哦。

怎樣做？

1 準備18本《兒童的學習》和一塊厚紙板。

2 將李大猩放上斜台頂部，輕推他的身體，他就會自動從斜台上走下來。

約10厘米高

3 無法走直線，或走了幾步停下來的話，就要加減書本的數量來調整斜台斜度。

為何李大猩能一步一步走下斜坡？

因為受地心吸力和摩擦力的影響，使李大猩能一邊搖擺，一邊走下斜坡。

世界之最
旅行團

31

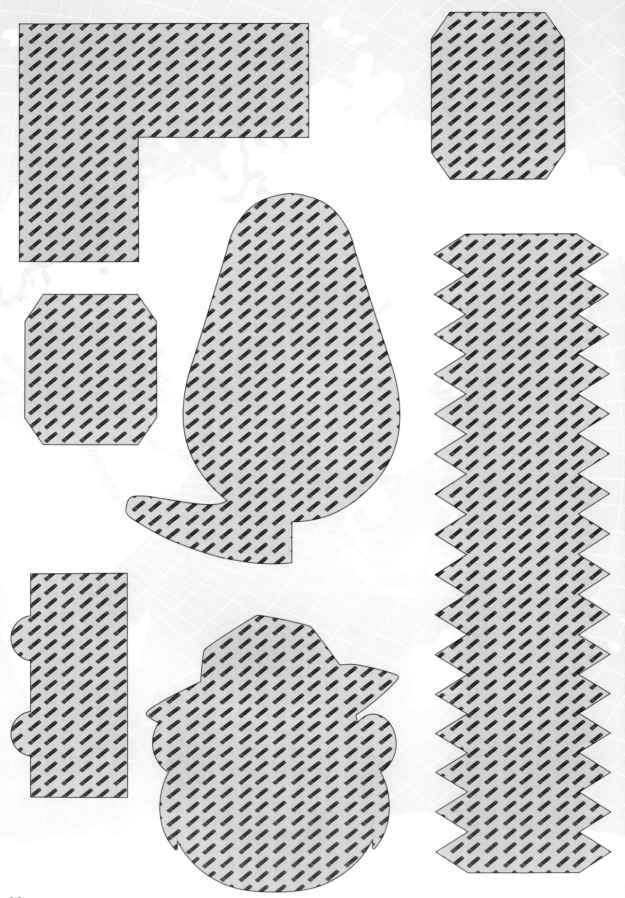

32

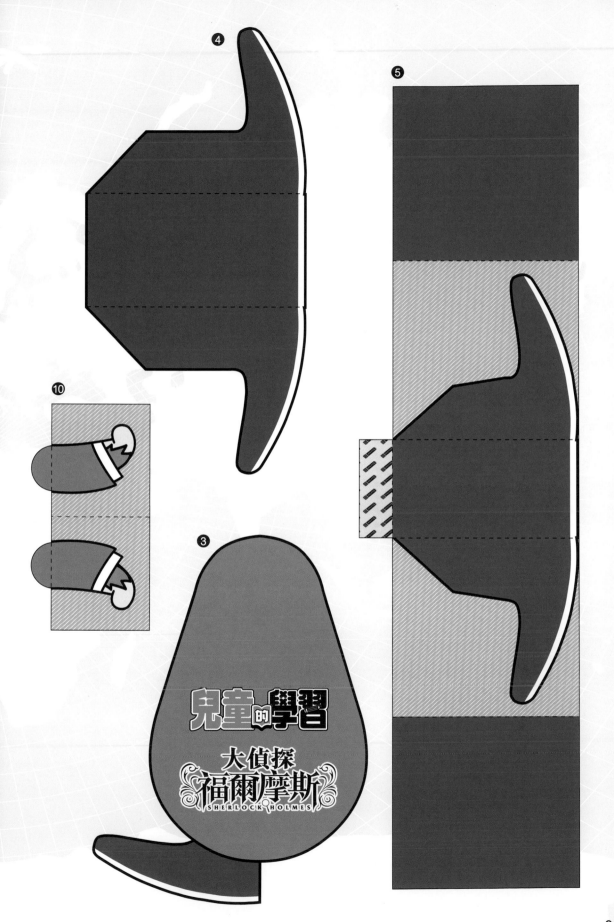

齊來挑戰世界紀錄

世界紀錄千奇百趣，你們有想過挑戰哪些項目嗎？

快樂大獎賞

參加辦法

於問卷上填妥獎品編號、個人資料和讀者意見，並寄回來便有機會得獎。

Ⓐ 瑪利歐食人花棋盤遊戲 1名

避開食人花的攻擊，收集最多金幣的人勝出。

Ⓑ LEGO Creator 3in1 野性雄獅 31112 1名

雖然未能到非洲大草原看動物大遷徙，但這個套裝可以砌出三種非洲動物——狂野雄獅、鴕鳥和疣豬。

Ⓒ 多啦A夢成人口罩 1名

50周年特別版Level 2口罩，一盒有30個。

Ⓓ 大偵探福爾摩斯常識大百科 1 1名

收錄100個生活問題，讓你輕鬆學常識。

Ⓔ 迷你兵團香蕉攬枕 1名

迷你兵團最愛的香蕉攬枕。

Ⓕ LEGO Captain America Mech Armor 76168 1名

拿起盾牌，和美國隊長聯手對付敵人。

Ⓖ 角落生物A4文件夾 2名

一包2個，正反面都有不同圖案。

Ⓗ 侏羅紀世界 Q版恐龍夾飾 1名

張開恐龍的嘴巴，就可以當成夾子夾在任何地方。

Ⓘ 哈利波特發光魔法棒匙扣 1名

這是一枝附有LED燈的魔法棒。

第61期得獎名單

Ⓐ 大偵探福爾摩斯52 沙漠之舟	余朗晴 尹棱毅
Ⓑ LEGO迪士尼公主系列灰姑娘的皇家馬車 43192	吳紫澄
Ⓒ 兒童的科學教材版第165期 機械新時代	林哲行
Ⓓ 星光樂園星級緞帶襟章機	吳嘉欣
Ⓔ 角落生物匙扣	翟天嵐
Ⓕ Silverlit迷你智能機械人	黃瑄晞
Ⓖ LEGO DC超級英雄蝙蝠俠匙扣燈	葉俊希
Ⓗ 冰雪奇緣扮靚系列 皇冠首飾盒禮盒	張悅曦
Ⓘ 大偵探索繩背囊	李展宏

截止日期 2021年6月14日
公佈日期 2021年7月15日（第65期）

- 問卷影印本無效。
- 得獎者將另獲通知領獎事宜。
- 實際禮物款式可能與本頁所示有別。
- 本刊有權要求得獎者親臨編輯部拍攝領獎照片作刊登用途，如拒絕拍攝則作棄權論。
- 匯識教育有限公司員工及其家屬均不能參加，以示公允。
- 如有任何爭議，本刊保留最終決定權。

今期繼續送出《M博士》、《森巴FAMILY》簽名板，記得填妥問卷！

特別領獎安排 因疫情關係，第61期得獎者無須親臨編輯部領獎，禮物會郵寄到得獎者的聯絡地址。

第61期《兒童的學習》5周年獎賞活動得獎名單 ｜ 電影《STAND BY ME多啦A夢2》戲券：陳宏量、余頌晴、王御津、蔡雪盈、黎珞然 5周年簽名板：《森巴FAMILY》袁梓逸、《M博士外傳》邱綽心

簡易小廚神

動物造型 **奶黃包**

通識　親子

　　奶黃包可算是酒樓人氣點心之一，不僅有着香甜的內餡，有些更做成可愛的動物造型，未吃已吸引眼球。我們也可試試在家做的啊！

熊、貓和豬的造型較容易掌握。

製作難度：★★★☆☆
製作時間：1.5小時
（不包括冷藏時間）

掃描 QR Code
可觀看製作短片。

所需材料
（約可做8個包）

奶黃餡

雞蛋黃 2個
牛奶 200g
粟粉 20g
牛油 20g
糖 40g

*①考考你：食材可在哪裏購買？

外皮

暖牛奶 / 暖水 160g
中筋麵粉 260g
糖 26g
鹽 4g
泡打粉 4g
油 10g
食用色素（粉紅色）
酵母粉 3g
蒸包紙 / 牛油紙 8張
朱古力筆

① 先做奶黃餡。將蛋黃及糖拌勻。

② 將牛油及牛奶在鍋中以小火加熱至牛油溶化（不用煮沸），熄火。

*使用爐具時，須由家長陪同。

③ 將做法**②**及粟粉加進做法**①**拌勻。

④ 將做法**③**倒進鍋中以中火加熱，攪拌至呈固體狀態。

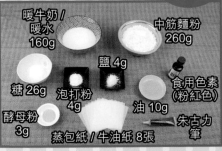

36

⑤ 放涼後放進雪櫃冷藏20分鐘。

⑥ 取出後分成8份並搓成球狀，再冷藏最少3小時。

⑦ 接着做外皮。將麵粉、糖、鹽、泡打粉、酵母粉及暖牛奶混合搓成粉糰。

⑧ 將油加入做法⑦搓勻。

⑨ 將做法⑧取少撮麵糰，加一滴食用色素搓勻成粉紅色，備用。

⑩ 其餘麵糰分成8份，搓成球狀，連同做法⑨蓋上保鮮紙待5分鐘。

*② 考考你：為甚麼要蓋保鮮紙？

⑪ 取出一麵糰，用掌心按壓成圓扁狀（中間較厚），直徑約10cm。

⑫ 包入奶黃餡料，收口後搓圓。其餘麵糰做法相同。

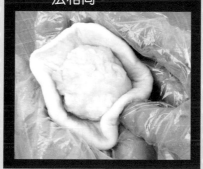

⑬ 取少許做法⑨粉紅色麵糰搓成耳朵及鼻，黏在做法⑫上。

⑭ 將麵糰放在蒸包紙上，蓋保鮮紙發酵30分鐘。

⑮ 隔水大火蒸12分鐘。

⑯ 蒸熟後，用朱古力筆畫上眼睛及貓鬚。

完成！

答案：
① 可防止麵皮表面水分流失。
② 因酵母作用可停止麵糰水分流失，防止乾燥。

37

語文題

❶ 英文拼字遊戲

根據下列 1～5 提示，在本期英文小說《大偵探福爾摩斯》的生字表（Glossary）中尋找適當的詞語，以橫、直或斜的方式圈出來。

E	H	D	I	B	U	C	U	W	N	X	M
B	F	B	X	Q	T	W	I	T	C	H	D
Q	E	O	V	K	R	K	D	E	L	N	E
F	R	F	Z	W	D	J	K	R	U	D	S
O	O	K	U	E	C	N	U	E	G	J	P
O	C	T	D	D	S	J	A	Q	R	K	I
T	I	R	C	K	D	R	K	W	M	N	S
M	O	L	F	G	J	L	O	P	E	A	E
A	U	U	R	D	W	C	E	L	L	A	R
N	S	D	H	B	T	K	X	D	Z	G	N

例（名詞）男僕
1.（形容詞）兇惡的
2.（名詞）地窖、地下室
3.（動詞）抽搐
4.（動詞）鄙視、看不起
5.（形容詞）糊塗的

❷ 看圖組字遊戲　試依據每題的圖片或文字組合成中文單字。

例

菲

a

b

c

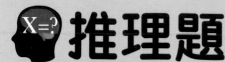 **推理題**

❸ 杯中物是甚麼？

桌上有5隻玻璃杯，分別盛有醬油、水、鹽水、糖水和白醋。它們的位置是：

1 醬油不在鹽水和水旁邊。

2 白醋不在水和糖水的旁邊。

3 糖水不在水和鹽水旁邊。

已知左二的玻璃杯盛了醬油，其餘四隻杯都是透明液體，你能推理出分別盛了甚麼嗎？

數學題

❹ 減數金字塔

這個數字金字塔上，上面的數字是下面兩個數字的相減，例如這樣：

數字不能重複的啊。

你能把1至6填在右方的減數金字塔內嗎？

成語小遊戲

語文 A8

〔一表人才〕

形容相貌出眾、儀態出色。

「為甚麼我要做賊呀？」

「本大爺長得**一表人才**，怎麼看也不像賊吧？你賊眉賊眼，扮賊最合適呀。」猩仔拉一拉衣襟，挺直腰杆子說。

很多成語都與外表有關，你懂得以下幾個嗎？

閉月 □□

形容女子的美貌，足以令花朵和月亮失色。

□□軒昂

形容神采飛揚、儀表不凡。

不修 □□

形容不注重儀表打扮。

□□可掬

形容人滿臉笑容。

〔按捺不住〕

「喂！停手！不要欺負人！」愛抱打不平的猩仔**按捺不住**，馬上衝到惡童們面前大聲喝止。夏洛克見狀也立即緊緊跟上。

高個子先是一怔，但見來者只是兩個小孩子，就高聲反問：「你們是誰？想幹嗎？」

無法抑制激動的情緒。

很多成語都與「不」字有關，以下五個全部被分成兩組並調亂了位置，你能畫上線把它們連接起來嗎？

不堪 ●　　　　● 不生

表裏 ●　　　　● 入目

寸草 ●　　　　● 甚解

不足 ●　　　　● 掛齒

不求 ●　　　　● 不一

〔天方夜譚〕

形容言論荒誕離奇。

「哈哈！就憑你們這些三腳貓功夫，想打倒我猩爺嗎？簡直**天方夜譚**！」猩仔自吹自擂地大笑，卻不小心踩到了地上的蛋糕。他腳下一滑，猛地向後倒跌了幾步，正好與身後的夏洛克二人撞個正着。

與「天」或「夜」有關的成語很多，你懂得用「天、地、日、夜」來完成以下句子嗎？

①他做事光明磊落，是個頂□立□的男子漢，
　所以深得大家尊重。

②騙徒常常弄虛作假，以偷□換□的手法，騙取受害人的財物。

③經過他們□以繼□的努力，終於如期完成全部展覽作品。

④他留學回來，發現舊居已經拆卸重建，整個社區有了翻□覆□的改變。

〔首當其衝〕

最先遭攻擊或受傷害。

「唏！」他咬緊牙關，大力一拉。突然，「呠」的一聲爆響，猩仔竟然放了個響屁。

「哇呀！」站在他身後的夏洛克**首當其衝**，被臭屁擊個正着。

「哈哈哈，用錯力了。」猩仔以假笑掩飾，「這道門很結實，竟然連我猩爺也弄不壞呢。」

以下的字由四個四字成語分拆而成，每個成語都包含了「首當其衝」的其中一個字，你懂得把它們還原嗎？

首若髮機 ＿＿＿＿＿＿

事當昂立 ＿＿＿＿＿＿

闊冠其無 ＿＿＿＿＿＿

斷怒步衝 ＿＿＿＿＿＿

SHERLOCK HOLMES
大偵探福爾摩斯
The Honeybee Murder ③

Sherlock Holmes
London's most famous private detective. He is an expert in analytical observation with a wealth of knowledge. He is also skilled in both martial arts and the violin.

Author: Lai Ho
Illustrator: Yu Yuen Wong
Translator: Maria Kan

Watson
Holmes's most dependable crime-investigating partner. A former military doctor, he is kind and helpful when help is needed.

Previously : Holmes and Watson had stumbled upon a mysterious case involving the mass death of honeybees and Holmes suspected that the deaths were related to the salt grains found at the scene. Apparently, the bee farm was not the only place suffering a great loss. The nearby orchard owner named Ally was also devastated by the honeybees' mass death.

The Tasty Honey

A short while later, their carriage arrived at Henry's mansion which was only a few miles away. After Martin had hopped off the carriage, Chief Hoggrim whispered to Holmes and Watson, "Mr. Henry is a powerful and influential man. He is a big landowner in the area and he is also running for a seat in **parliament** in the upcoming election. A man like him has quite a number of enemies, so someone deliberately **sabotaging** his bee farm is a possibility to consider." The chief constable might appear to be a bit **befuddled** most of the time, but he certainly was clear-headed at **crucial** moments. This information was very helpful to Holmes.

A **footman** led the four

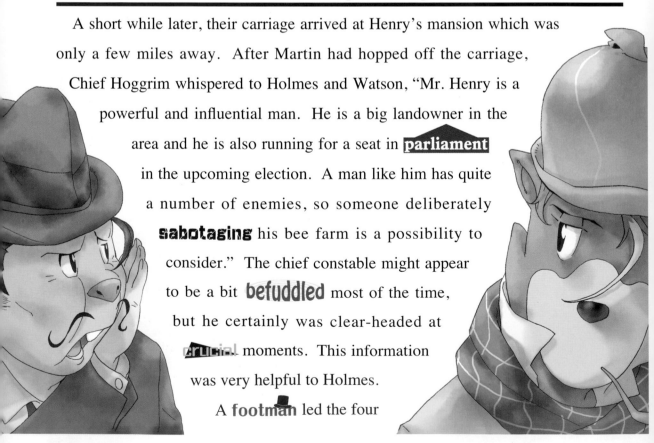

Glossary parliament (名) 國會　sabotaging (sabotage) (動) 破壞　befuddled (形) 糊塗的　crucial (形) 關鍵的　footman (名) 男僕

men inside the house after the master was informed of the visitors. Sitting on a sofa in the living room was a big, domineering man. This man was Henry, the powerful and influential landowner that Chief Hoggrim had just spoken about.

"Mr. Henry, the bees at the bee farm…"

Before Martin could even finish his sentence, Henry waved his hand and said, "I've heard what happened already." It appeared that his footman had also mentioned the bees' mass death to Henry when he informed his master of the visitors.

After a brief greeting, Chief Hoggrim stated the purpose of their visit then introduced Holmes and Watson to Henry.

Henry seemed guarded as soon as he heard their names. "So my bees are dead. What does that have to do with you two gentlemen?" asked Henry in a pompous tone as he picked up a glass on the side table and started to sip it slowly.

Chief Hoggrim seemed to be **daunted** by Henry's **overbearance** and did not know what to do, but our great detective was not **intimidated** at all. Holmes helped himself to a seat right across Henry and waited for Henry to finish his drink. Annoyed by Holmes's audacity, Henry quickly downed the golden liquid in the glass then slammed the glass on the side table. The slam was so hard that the ice cubes clanked inside the glass.

Watson looked over to Holmes, waiting to see how Holmes would react. He knew well that Holmes had always *despised* arrogant and **disrespectful** people. However, our great detective did not do anything but stare at the glass with a faint smile on his lips.

Has Holmes found a new clue already? That is just an ordinary glass. And there is nothing unusual about the ice cubes either. But this Mr. Henry certainly lives up to his reputation. He is a rich and powerful man indeed. Having a drink with

ice cubes is not something that common people can afford in this season*, thought Watson.

"I can smell a sweet aroma of honey," said Holmes as his sight moved from the glass to Henry. "Mr. Henry, was it honey that you were drinking just now?"

"You seem to **know a thing or two**," said Henry as he threw a **disdainful** glance at Holmes. "What I was drinking was the highest grade honey that's not sold in the markets."

"Is that so?" said Holmes, deliberately showing suspicion in his eyes.

"I always save the best honey for myself. The ones you find in the markets are all second and third rates."

"Yes, yes, yes! Only the best is saved for self-consumption, of course," said Chief Hoggrim, taking the opportunity to **pay compliments** to Henry. "The honey produced from Mr. Henry's bee farm is very famous around here. The special aroma of apple is not something that you could find in honeys from other producers."

"That's right," agreed Henry coldly without looking at the chief constable.

"I've been told that drinking ice cold honey in the summer is a very tasty treat," **blurted** Holmes *out of the blue*.

Henry's face **twitched** a little bit, as though the words "ice cold honey" had **stroke a nerve**. He leaned forward and stared right into Holmes's eyes, "Of course it is very tasty, but such an

*Ice-making was not common in the late 19th century. Only wealthy people could afford to store ice made in winter and enjoy it after the weather had warmed up.

Glossary live(s) up to (one's) reputation (習) 不負盛名   aroma (名) 香味、香氣   know a thing or two (習) 見多識廣
disdainful (形) 傲慢的、輕蔑的   self-consumption (名) 自用   pay compliment(s) (習) 恭維   blurt(ed) (動) 衝口而出
out of the blue (習) 突然   twitch(ed) (動) 抽搐   stroke (strike) a nerve (習) 觸及神經、擊中死穴

44

exquisite treat is not something that low class folks would know to appreciate."

Watson could hear a sting in those words. It was obvious that Henry was referring to Holmes when he said "low class folks".

Martin, who had been quiet all this time, spoke up all of a sudden, "Mr. Henry, the bees are all dead. If we still wish to produce honey this year, we must borrow bees from other farms as soon as possible. But all the other farms are also busy collecting nectar and pollen right now, which means we must offer a **handsome** amount if we want to rent their bees. What should we do?"

Upon hearing those words, Henry suddenly became very angry and shouted, "How dare you come here and ask me what to do! I have yet to make you take responsibility for what happened!"

"But Mr. Henry…"

"But what?" Henry continued to yell at Martin. "Don't ask me! You should come up with a solution and follow it through yourself!"

Martin was so intimidated by his boss's **irrational** shouts that he did not dare to utter another word. Watson and Chief Hoggrim were also **overwhelmed** and **dumbfounded**.

"Well, well, well, Mr. Henry, sounds like it's impossible for your bee farm to collect nectar and pollen this spring. High

Glossary exquisite (形) 高貴的   sting (名) 刺   handsome (形) 可觀的   irrational (形) 不講理的、失去理性的
overwhelmed (形) 不知所措的   dumbfounded (形) 嚇得目瞪口呆的

45

class or low class, perhaps nobody can taste the best and freshest honey this year. What a shame," ~~sneered~~ Holmes.

"Yes, yes, yes. Nobody can taste it now," interjected Chief Hoggrim as he tried to ease the tension. "The best apple blossom honey in Kent is all produced by Henry Bee Farm. If the farm were to miss collecting nectar and pollen this spring, there won't be any honey this year."

Hearing the sting in Holmes's words, Henry shouted furiously, "So what if there is no honey? And who cares if my farm misses out this **pollination** season? The bee farm doesn't make much money anyway. I'll just shut down the farm. It's no big deal!"

"No, we can't do that. Without the bees to help pollinate the apple flowers, the apple trees won't fruit and Ally will suffer huge losses," said the worried Martin.

Henry quickly stood up and gave Martin a **ferocious** stare, "What do I care about her orchard? It is not my responsibility to help her with pollination. If she is having a difficult time financially, tell her to chop down all her apple trees and sell me the wood." Henry stormed out of the living room after saying those words.

Martin could do nothing else but lower his head, speechless and sad.

Holmes thought for a moment then asked Martin, "It appears that Mr. Henry doesn't like Ally. Did something happen between them?"

Martin took a deep sigh and said, "Mr. Henry had proposed charging a pollination fee from Ally earlier. He said the bees belong to him so they should not help the orchard with pollination for free. But Ally said the flowers belong to her, so

Glossary sneer(ed) (動) 嘲諷、挖苦　interject(ed) (動) 插話、插嘴　pollination (名) 傳播花粉、授粉
ferocious (形) 兇惡的

if she had to pay a fee to the bee farm, the bee farm should also pay her a fee for collecting nectar and pollen from her flowers."

"Hmmm…" thought Watson for a moment. "Ally's logic sounds reasonable."

"Well, it's simple then. They should just pay fees to each other. Problem solved," said the chief constable.

Holmes shook his head in disagreement, "If they were to both pay fees of the same amount, then the fees would just cancel out each other. It's unnecessary."

"Mr. Holmes is right. The bee farm and the orchard mutually benefit from each other, so both parties should not be charging fees. Moreover, apple blossom honey is always priced higher than other types of honey, which is all the more reason why the bee farm should not request a pollination fee from the orchard."

"Does Mr. Henry understand this mutually beneficial relationship?" asked Watson.

"Mr. Henry is a **layman**. The bee farm belongs to someone else originally. The original owner lost the bee farm to Mr. Henry on the gambling table," explained Martin.

"No wonder Mr. Henry would ask Ally to pay a fee. He is not familiar with the rules of this business," said Chief Hoggrim.

"No," disagreed Holmes. "He is a businessman. He should understand the concept of mutual dependence and benefits."

"Then why would he suggest shutting down the bee farm? Doesn't that hurt both sides?" asked the puzzled Watson.

"What Mr. Henry said is true. The bee farm doesn't make much money. If he were to repurpose the land of the bee farm for other businesses, the profit might be more attractive…" said Martin.

Holmes and Watson looked at each other as though Martin's words had unveiled the mystery.

At this moment, the door to the living room swung open and in came a footman

Glossary layman (名) 門外漢、外行人　mutual dependence and benefit(s) (名) 互相依靠和互惠互利
repurpose (動) 改變用途、重新利用

walking angrily towards the four men.

"I think we better leave now. Looks like Mr. Henry has sent someone to throw us out of his house," said Holmes.

The Clever Murder

The four men were **escorted** out of the front door under the watchful eye of Henry's footman. As they were leaving, a carriage parked beside the mansion caught Holmes's attention and he suddenly stopped walking. "That carriage looks familiar. Where have I seen it before?" muttered Holmes to himself as he began to step towards the carriage.

Watson, Martin and Chief Hoggrim also followed Holmes towards the carriage.

"Hey, isn't that...?" Even the generally **poised** Holmes could not help but **gasp** in surprise after taking a closer look at the carriage.

Watson followed Holmes's line of sight and realised that in front of them was a cargo carriage. On the cargo platform were a **stack** of **aluminium basins**, a few wooden **crates**, some wax cloths and some empty sacks.

"I remember this cargo carriage **whooshed** by our carriage at the mouth of the **forked road** when we were escorting the killer to the police station this morning. Why are you so taken aback by this?" asked Watson.

"How lucky are we to find this without **searching high and low**?" muttered Holmes as the surprise expression on his face changed into an **enigmatic** smile.

"What is it? What have we found?" asked Watson.

"Yes, yes, yes! What have we found?" Chief Hoggrim was also dying to know.

Glossary escort(ed) (動) 護送　poised (形) 鎮定的、處變不驚的　gasp (動) 倒吸一口氣　stack (名) 一疊　aluminium basin(s) (名)鋁盆　crate(s) (名)箱　whoosh(ed) (動) 飛快地駛過　forked road (形+名) 分岔路　search(ing) high and low (片語) 到處尋找　enigmatic (形) 神秘的、難以捉摸的

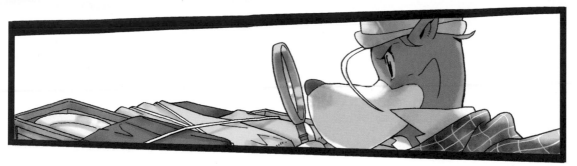

Without offering a reply, Holmes drew out his magnifying glass and began to meticulously inspect the cargo platform. He then picked up some specks off the platform with his finger.

"What are those?" asked Chief Hoggrim..

"Salt grains," said Holmes as he licked the specks off his finger.

Martin also picked up some of the white specks on the platform and put them in his mouth. He nodded in agreement, "It tastes salty. This is salt alright."

Taken aback, Watson said, "We also found some salt grains next to the hive boxes earlier. Is it possible that it was this cargo carriage that brought salt to the bee farm?"

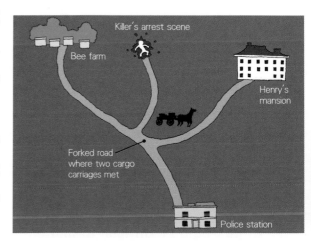

"Very likely," said Holmes. "When this cargo carriage passed by us this morning at the forked road, it was coming from the direction of the bee farm."

"So what if this cargo carriage had gone to the bee farm and left some salt behind? It doesn't mean that it has anything to do with the mass murder of honeybees," said Martin.

"Yes, yes, yes…"

"No!" Holmes cut Chief Hoggrim off from speaking further. "A cargo carriage bringing salt to the bee farm is enough to deduce a *causal* connection between salt and the mass death of honeybees. I couldn't figure out exactly how they're connected at first, but after seeing Henry's glass of ice cold honey and the items on this cargo carriage, I unravelled the mystery right away."

"What mystery?" asked Watson, Martin and Chief Hoggrim in unison.

Holmes said with a shrewd chuckle, "Before I tell you the answer to this puzzle, I'd like to know where did Henry get the ice cubes for his ice cold honey drink."

"That I know," said Martin. "Mr. Henry has an ice pit dug up in his cellar to store ice made in winter. This way he can enjoy ice cold drinks and frozen foods throughout the year."

"I see!" said Holmes as a chilly glimmer flashed across Holmes's eyes. Holmes then showed the salt grains on his finger to the three men and declared, "This salt and that rich man's ice are the weapons of the honeybee murder!"

"What?" gasped the three men in astonishment. How could salt and ice be used as bee-killing weapons?

"I have one more question." Holmes ignored the bewildered looks on the three men's faces and continued to ask Martin, "You mentioned earlier that the land of the bee farm can be repurposed for more lucrative businesses. What do you mean by that?"

"Well…" hesitated Martin.

"It would be difficult to find out the bee-killer's motive if you don't tell me the truth. And if I can't solve the case, the bee farm will have no choice but to shut down," pressured Holmes.

"Yes, yes, yes, Martin! You must tell us the truth," *chimed in* Chief Hoggrim, but his chiming-in this time was not the least bit annoying.

Martin took a deep breath and decided to let the cat out of the bag, "Shutting

Glossary deduce (動) 推斷　causal (形) 因果關係的　unravel(led) (動) 解開　in unison (片語) 異口同聲、一致
cellar (名) 地窖、地下室　bewildered (形) 困惑的　lucrative (形) 有利可圖的、賺錢的　chime(d) in (片語動) 認同、插嘴附和

down the bee farm is no big deal compared to the apple trees not fruiting. Mr. Henry **acquired** the bee farm last year not because he wanted to get into the beekeeping business but because he had his eyes on the land."

"Can you expand on that?" asked Holmes.

"I heard that Mr. Henry is planning on building a golf course near the bee farm and he is buying up the land in the area."

"I see! No wonder he has to kill the bees," said Holmes.

"But the bee farm belongs to him. He has every right to shut it down properly. Why does he need to kill the bees?" questioned Watson.

"Yes, yes, yes! Why kill the bees?" asked Chief Hoggrim.

Holmes rolled his eyes and said, "You still don't understand? The land of the bee farm is small. If Henry were to build a golf course, he would need to buy up the land of Ally's orchard as well. I'm guessing that Ally has refused to sell the land, so Henry came up with this **self-destructing** method that would also hurt Ally. The bee farm is such a small business to him that he could care less if it's destroyed."

"Oh, I see!" Watson finally got the whole picture. "By killing the bees, the flowers in the orchard won't be pollinated, which means apples won't grow on the trees and there will be no harvest this year. Henry could then take advantage of the orchard's financial **devastation** and buy the orchard from Ally at a low price."

Next time on **Sherlock Holmes** — Exposing the evildoings of Henry, the bee farm owner, Holmes unravels the truth behind the mysterious mass death of the honeybees!

Glossary acquire(d) (動) 購入   self-destructing (形) 自毀的   devastation (名) 損失

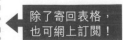

SAMBA FAMILY

Candy Feast!!

SAMBA FLAVOUR

早晨！

各位準備好了嗎!?　　　　　　　　　　準備好~~~~

一起打開蓋子！

呵~~~　你們為何一早　嗨，小剛，
　　　就參加盛宴!?　歡迎你來參加！

噗一　　　　　哦!!

哇~~~

這麼費勁只為了　各位開始吃吧!!　哈~~~　香蕉味　吃完
吃糖!?

我還想要!
尚餘三天　一件不留

沒問題！請等等!!　為何你會有一大袋糖!?

鄰近的「糖果星球」結業，清貨　哦!?錢從何來？
大減價……所以我就買了那麼多糖!!

55

I found a wallet on the floor in your room. I don't know whom it belongs to... so I decided to spend it all on candy!!

Ha~~~~

Give back my wallet !!

Booo... The money is being put to good use...

Come on!! Let's eat candy together!

我在你房間的地板上找到一個錢包。 我不知道這是誰的……所以就用來買糖!! 　　哈~~~~ 　　把錢包還給我!! 　　嗚……我打算好好 運用這些錢的…… 　　來吧!! 一起吃糖！

Today is the World Candy-eating Day!!

We should eat candy for every meal to celebrate!!

Huh!? Is there such a holiday!? I've never heard of that...

今天是世界吃糖日!! 　　我們每頓飯都要 吃糖慶祝!! 　　吓!?有這樣的節日嗎!? 我從未聽過……

Of course you've never heard of that before... That's because this is the very first!!

The founder is the Great Duke S. Smith Willba!!

Cough

Cough

Isn't that Samba himself!? Stop fooling around!

I really have no time to play with you today. I'd rather eat cup noodles!!

Kang, please try this new candy first!!

你當然未聽過…… 因為這是第一屆!! 　　發起人是S‧史密夫‧ 韋爾巴爵士!! 　　咳 咳 　　那不是森巴嗎？ 別胡鬧了！ 　　我今天真的沒空和你玩。 我寧願吃杯麵!! 　　小剛，試吃 這款新糖!!

甜蜜爆炸糖!!　　　甜蜜爆炸

哦!?整包只剩下一粒!?

爆炸糖!?我幾乎每天都吃。
有甚麼特別!?

試試吧!!

這粒糖很硬……

又無味。　　當然不是!　　森巴，　　哈~
是假的嗎!?　只是還未爆炸!　動手!!

57

噴 噴 噴

我的天～～～～

噴 噴 噴

耶，成功了!!

爆 炸 頭

你騙我！這根本
不是糖!!

再試一次……

嘩~很甜！ 很甜♥

這粒糖真美味。 哈~我還有很多。 他上癮了…… 噗！ 噗！
隨便吃!!

的嚇怪味糖!! 吃完甜的糖，要吃這種 對~之前的實在太甜了~
鹹味的糖中和一下!!

The flavour of this candy is really strange... What flavour is that exactly!?

Oh!! This box of candy has seven different flavours, it's a limited edition!!

這糖的味道很奇怪……究竟是甚麼味道!?　哦!!這盒糖有七種味，是限量版來的!!

The seven flavours include boogers, armpits, farts, feet, saliva, dust, and the most popular... bad breath!!

七種味包括鼻屎、腋窩、屁、腳、口水、灰塵和最受歡迎的……口臭味!!

Are you kidding me!? You let me eat such a ridiculous thing!!

Of course not... Many people love this avant-garde candy!

你在跟我開玩笑嗎!?讓我吃這種荒唐的東西!!　當然不是……很多人喜歡這種前衛的糖！

Samba love it.

Ha~~~~~

Go away! You're stink!!

森巴喜歡吃。　哈~~~~~　走開！你很臭!!

Here!! Now, I'll let you try some authentic candy!!

He doesn't eat candy at all, so he gets to be the chef today~

給你!!試試真正的糖!!　他不吃糖，所以今天就當廚師~

酸到睜不開眼的……
It's so sour that even can't barely keep your eyes open...

Super sour lemon candy

超級檸檬　超酸檸檬糖

It's so sour~~~

很酸~~~

Next...

Rapid freezing peppermint candy!!

接下來……　極速冰涼薄荷糖!!

Freeze to death!!

冷死了!!

What's more, there's an ancient flavour...

The African gummy!!

Your skin tone has become like Dubar Gor's ... It's so dark!!

And next one melts in your hand, not in your mouth...

The chocolate beans!!

If it doesn't melt in the mouth, how can you eat it!?

還有，
古早味的……　　　　非洲軟糖!!

你的膚色跟兜巴哥一樣⋯⋯很黑!!

下一個是只溶你手，　巧克力豆!!
不溶你口的……　　　不溶在口，怎麼吃!?

哈~~~我吃飽了……　　很　飽　　　不要休息！接下來　　他嚴重
休息一會兒……　　　　　　　　　　　吃甚麼!?　　　　上癮……

喂，小剛，　　　　　哇~很大盒！
這盒糖給你~

這次會是甚麼味道呢!?

哦!?又有張包裝紙!?

哇~~~那麼多包裝紙!!　　這糖怎麼了!?
　　　　　　　　　　　　一定很特別！

吓!?花了10分鐘拆開包裝紙，　　啊!!你終於
只有丁點大的糖……　　　　　　　拆開了！

螞蟻們！這粒糖　　螞蟻專用　　謝謝~　　　砰—
是給你的!!

63

小剛，這裏還有很多，
麻煩你幫螞蟻拆開包裝紙！

不要！我不是你的僕人！

剛~~~~ 別生氣 繼續吃糖

棉花糖　　　　　　　　　　　一起吃　　　　砰一

怎樣吃!?棉花糖
都黏在森巴身上！

直接在他身上吃!!

哈~~~~

哈~~~~　　　很　癢　呀　　　我不會參與……

嗯!?這糖我還未試過……

哇!!是我小時候喜歡吃的吹波膠!!

耶~~~~　　　躲在這裏慢慢吃~

Chew
Chew
Chew
Chew

嚼嚼嚼嚼

Unforgivable! You ate my bubble gum!! I'll finish you!!

不可饒恕！吃了我的吹波膠!!
我要對付你!!

PHEW!

呼—

Don't try to escape!

別想走！

PA!

啪—

Stealing candy is not acceptable!! You can't escape my eyes!

Dubar Gor!!

偷糖絕不能接受!!
你逃不過我的利眼！

兜巴哥!!

作為懲罰，將你鎖在 幸好，他沒發現我……
廁所1小時！

剛　　為何躲在這裏　　又不邀請　　哦……
　　　吃吹波膠!?　　我們！　　不……

過來一起吃!?　　　　　　　　　　　　　　　哇，好主意!!　原來還有很多盒
　　　　　　　　　　　　　　　　　　　　　　　　　　吹波膠!!

一 起 吃 更 開 心 你說得對，
　　　　　　　　　森巴……

來吧！教你如何用　　　　　　　　　　一起試!!　　哈
吹波膠吹泡泡!!

67

Chew chew

Chew chew

Chew chew

Chew chew

Chew chew

嚼嚼　嚼嚼　嚼嚼　嚼嚼　嚼嚼

Chew chew

Chew chew

Hmmm... Are you trying to stall for time!?

Ok, ok, I think it's time. I believe the bubble gum is tasteless now...

Chew chew

嚼嚼　嚼嚼　嗯……你在設法拖延時間!?　好，好，是時候。我相信吹波膠已經無味了……　嚼嚼

So next, simply blow it up with your mouth until there's a wonderful bubble!!

You're indeed stalling for time!! There's no special skill at all!!

Oh

yeah

接下來，用口吹出奇妙的泡泡!!　你果然在拖延時間!!根本不用特別技巧！　噢 耶

啪—

Ah~~~ I can't see anything...

Humph~ Looks like your bubble blowing skills are not that good!!

啊~~~我甚麼也看不到……

哼~看來你的吹泡泡技術也不是很好!!

Let me, the national primary school blowing gum contest champion, teach you how to do it the right way !!

Is there such contest !?

等我這個全國小學吹波膠比賽冠軍，教你正確的方法!!

有這樣的比賽嗎!?

I can blow a bubble more than one meter in diameter !!

Give me some bubble gum!!

Ok~

我可以吹出直徑超過一米的泡泡!!

給我吹波膠!!

好~

Ah

啊

啊~~~~　　　　　　　　　　　嗖~~~~　　　　　　哇~~~~　　厲害

最厲害的是我可以繼續吹!!

等等!?吹波膠黏着我的嘴!!

啊！我開始浮起來了!!

哇~~~~救命!!

我黏在天花板上!!

甚麼!?　　　　　　　　抓到！你被整蠱　　　　那是我特製的超黏
吹波膠……好吃嗎!?

你們花了一天，就是要
將我黏在天花板上!?

沒錯!!因為今天是　　　我們要整蠱一個　　發起人
世界惡作劇日!!　　　　親密的人!!

我們整蠱你，　　　哈~~~~　　你快點從天花板上
是因為我們愛你!!　　　　　　　救我下來!!

再見　　　　　　　喂!!　　完……

請貼上
$2.0郵票

香港柴灣祥利街**9**號
祥利工業大廈**2**樓**A**室
兒童的學習編輯部收

大家可用
電子問卷方式遞交

2021-5-15　　▼請沿虛線向內摺。

請在空格內「✔」出你的選擇。　　　**問卷**

有關今期內容

Q1：你喜歡今期主題「世界之最」嗎？

01 ☐ 非常喜歡　　02 ☐ 喜歡　　03 ☐ 一般　　04 ☐ 不喜歡　　05 ☐ 非常不喜歡

Q2：你喜歡小說《大偵探福爾摩斯──蛋糕的追憶》嗎？

06 ☐ 非常喜歡　　07 ☐ 喜歡　　08 ☐ 一般　　09 ☐ 不喜歡　　10 ☐ 非常不喜歡

Q3：你覺得SHERLOCK HOLMES的內容艱深嗎？

11 ☐ 很艱深　　12 ☐ 頗深　　13 ☐ 一般　　14 ☐ 簡單　　15 ☐ 非常簡單

Q4：你有跟着下列專欄做作品嗎？

16 ☐ 巧手工坊　　17 ☐ 簡易小廚神　　18 ☐ 沒有製作

讀者意見區

快樂大獎賞：
我選擇 (A-I)

☐ 要《森巴FAMILY》簽名板
☐ 要《M博士外傳》簽名板

只要填妥問卷寄回來，
就可以參加抽獎了！

感謝您寶貴的意見。

請沿實線剪下

請沿實線剪下

讀者資料

姓名：		男 女	年齡：		班級：

就讀學校：

聯絡地址：

電郵：		聯絡電話：

你是否同意，本公司將你上述個人資料，只限用作傳送《兒童的學習》及本公司其他書刊資料給你？（請刪去不適用者）

同意/不同意　簽署：＿＿＿＿＿＿＿＿＿＿＿　日期：＿＿＿＿年＿＿月＿＿日

讀者意見收集站

A 學習專輯：世界之最

B 大偵探福爾摩斯——
實戰推理短篇 蛋糕的追憶

C 讀者信箱

D 巧手工坊：左搖右擺李大猩

E 快樂大獎賞

F 簡易小廚神：動物造型奶黃包

G 知識小遊戲

H 成語小遊戲

I SHERLOCK HOLMES：
The Honeybee Murder③

J SAMBA FAMILY：Candy Feast!!

＊請以英文代號回答**Q5**至**Q7**

Q5. 你最喜愛的專欄：

第 1 位 19＿＿＿＿　　第 2 位 20＿＿＿＿　　第 3 位 21＿＿＿＿

Q6. 你最不感興趣的專欄：22＿＿＿＿原因：23＿＿＿＿＿＿＿＿＿＿

Q7. 你最看不明白的專欄：24＿＿＿＿不明白之處：25＿＿＿＿＿＿＿＿

Q8. 你覺得今期的內容豐富嗎？

26□很豐富　　　　27□豐富　　　　28□一般　　　29□不豐富

Q9. 你從何處獲得今期《兒童的學習》？

30□訂閱　　　　31□書店　　　　32□報攤　　　33□OK便利店

34□7-Eleven　　　35□親友贈閱　　　36□其他：＿＿＿＿＿＿＿＿

Q10. 你想《兒童的學習》增加哪類型的專欄？（可選多項）

37□語文　　　38□歷史　　　39□世界地理　　　40□風俗文化

41□數學　　　42□動植物知識　　43□繪畫　　　44□藝術

45□其他：＿＿＿＿＿＿＿＿＿＿＿＿＿＿＿＿＿＿＿＿

Q11. 你還會購買下一期的《兒童的學習》嗎？

46□會　　　　47□不會，原因＿＿＿＿＿＿＿＿＿＿＿＿＿＿